AF261610

ÉLOGE

DU

CITOYEN RICHE,

Lu à la séance générale de la Société Philomathique de Paris , le 23 Frimaire an VI.

PAR G. CUVIER.

————

CITOYENS,

Vous venez d'entendre combien d'hommes précieux aux sciences et à l'amitié, la société Philomathique , a perdus pendant les six dernières années ; elle a desiré qu'il fut fait dans cette séance une mention plus particulière du citoyen Riche, l'un de ses fondateurs, que la mort lui a enlevé dans ce sémestre. La plupart des hommes qu'elle regrette, ont joui pendant leur vie de la célébrité que leur ont valu leurs travaux; ils appartenoient à des sociétés qui ont déjà rendu à leur mémoire le tribut d'éloges qui leur étoit dû; la gloire de quelques uns étoit même devenue populaire, et leur nom volant de bouche en bouche, ne peut rien acquérir des vains efforts d'un orateur.

Riche, au contraire, ce confrère si aimable, cet ami si tendre, ce savant si laborieux, cet esprit si vaste; moins empressé de se faire une réputation précoce; que d'en assurer la durée, avoit passé sa jeunesse à préparer les travaux de l'âge mûr; il s'étoit ensuite dévoué à un voyage long et périlleux; l'ardeur avec laquelle il se livroit à ces soins y a mis un terme prématuré, et sa mémoire ne subsisteroit bientôt que dans le cœur de ses amis, s'ils ne s'empressoient de lui ériger un monument qui atteste en même temps et ce qu'il étoit, et ce qu'il seroit devenu.

Les matériaux de ce monument seront ses ouvrages mêmes; c'est Riche que vous

allez entendre dans la plus grande partie de ce récit ; ses manuscrits en font la base , et c'est surtout d'après ses journaux que je vous raconterai cette partie si intéressante de sa vie, où parcourant des espaces immenses de mer, visitant des terres inconnues, il étoit sans cesse occupé de ses confrères ; il ne pensoit qu'à revenir au milieu de vous , et à vous apporter les preuves honorables du zèle avec lequel il avoit rempli sa mission.

Cette sorte d'éloge doit être bien puissante ; vos cœurs seront sans doute plus émus en entendant les paroles de votre ami , en lisant les derniers caractères qu'il a tracés , qu'ils ne pourroient l'être par les fleurs d'une vaine éloquence.

Dans ce triste devoir que nous venons lui rendre, nous l'aurons , pour ainsi dire, rappellé à la vie pour quelques instants ; nous l'entendrons , nous croirons le voir au milieu de nous ; heureux si nos vains efforts, pour nous jetter dans ses bras, ne nous rappelloient pas qu'il n'est plus qu'une ombre fugitive.

Claude-Antoine Gaspar Riche, docteur en médecine de la faculté de Montpellier, membre de l'académie des sciences de cette ville et de celle d'Edimbourg, de la société d'histoire naturelle de Paris et de la société philomathique, naquit à Chamelay, près Lyon, le 20 août 1762, de N. Riche, substitut du procureur général du Parlement de Dombes. Il étoit frère cadet du citoyen Prony, secrétaire de la première classe de l'institut et l'un de nos plus illustres confrères.

Il fit ses premières études au collége de Touassay; c'étoit un établissement militaire où l'on donnoit aux jeunes gens une instruction plus variée que dans ces instituts anciens, dont le plan formé à une époque où nous étions encore barbares n'avoit point suivi l'esprit général du siècle dans ses perfectionnements, et dans lesquels l'étude des langues et des lettres remplissoit seule les premières années de la jeunesse.

Riche y prit le goût des connoissances réelles dont on lui avoit présenté les premières bases, et ce goût prévalut sur les intentions paternelles et sur les attraits de l'ambition. Son père qui le destinoit à la robe le mit à Lyon chez un procureur ; il y travailla quelques années, mais la mort de son père le rendit à la liberté et à ses inclinations. Il quitta précipitamment Lyon et vola à Montpellier pour se livrer entièrement à sa passion pour l'étude de la nature qui étoit alors en grande vigueur dans cette école. Uniquement rempli de cet objet il négligea tout le reste et arriva à Montpellier le 2 juillet 1784, sans avoir pris aucun arrangement pour y subvenir à ses besoins physiques ; mais madame Prony, dont l'époux étoit alors en Angleterre, eut pour lui des soins de mère qui lui épargnèrent les peines auxquelles son imprudence l'exposoit, et Riche en a ressenti une reconnoissance dont les tendres expressions ont été les dernières paroles prononcées sur son lit de mort.

Ce premier trait nous fait déjà appercevoir dans notre ami cette ardeur de volonté, cette patience du besoin et des souffrances qui caractérisent les ames fortes destinées aux grandes choses. Le besoin d'une occupation continuelle, produit par une activité exaltée, est le principal mobile de ces sortes d'esprits, et cette activité ne se contente pas toujours d'une seule passion ; celle de la gloire vient ordinairement la première ; celle là est tranquille, persévérante ; elle use par ses efforts mais non par ses jouissances, aussi si elle étoit seule n'épuiseroit-elle peut-être pas sitôt ce corps qui semble être l'aliment préparé par la nature à la flamme de notre activité. Mais ces ames privilégiées, destinées à jetter un éclat si vif, semblent avoir encore ce rapport avec les corps combustibles, qu'il ne faut qu'une étincelle pour y exciter de nouvelles passions.

Ardent, vif et sensible, comme l'étoit Riche, il ne pouvoit échapper aux tourmens de l'amour, il les éprouva avec violence, et leur effet, joint à celui de son ardeur pour l'étude, fut très-nuisible à sa santé. Il contracta dès-lors les germes de cette phtisie qui nous l'a enlevé au moment où il nous rapportoit les fruits de tant de travaux : mais si son cœur fut passionné il fut toujours noble et grand ; il ne vit dans son amour qu'un nouvel aiguillon de se rendre digne de l'objet qui le lui inspiroit, et souvent dans ses travaux il étoit plus animé par l'image de celle à qui il esperoit les offrir que par la gloire qu'il en devoit tirer, ou plutôt cette gloire n'avoit à ses yeux d'autre prix que celui de le conduire à la main de son amie.

Ce fût même un des motifs qui lui fit entreprendre son voyage; où j'y périrai, disoit-il, où j'en rapporterai une réputation qui déterminera peut-être ses parents. Mais les évènements publics ont fait changer pendant son absence la fortune de ceux qui s'opposoient à ses vœux, et il a eu à son retour la douleur d'apprendre que le chagrin et le malheur avoient fait périr celle pour laquelle il eût été si heureux de se sacrifier.

Pendant un séjour de trois années à Montpellier, Riche s'appliqua principalement aux sciences accessoires à la médecine, et surtout à l'histoire naturelle et à la physique; il y soutint plusieurs thèses, et surtout une sur la chimie des végétaux, pleine d'expériences ingénieuses; il se distingua tellement que, au mois de mai 1787, l'académie des sciences de cette ville le fit son associé correspondant, par une dérogation expresse à ses réglements, qui lui défendoient d'admettre aucun étudiant en médecine. Il fut reçu docteur, avec la plus grande distinction, en juin 1787.

Sa santé empirant toujours il fut obligé de se retirer dans sa famille, auprès de Lyon; le repos de l'esprit et du cœur, l'usage du lait et surtout les soins tendres et empressés de deux sœurs chéries , lui procurèrent quelque soulagement, et il se crut en état de venir continuer ses travaux à Paris.

Les liaisons qu'il y forma avec des jeunes gens que l'identité des goûts et des caractères lui attachèrent , et auxquelles cette société doit sa première origine ; les secours de tout genre qu'il y trouva, et surtout la noble émulation dont cette ville est le centre, lui donnèrent encore plus d'ardeur pour l'étude, généralisèrent ses vues, et à en juger par ce qui nous reste de lui, en auroient fait l'un de nos plus grands naturalistes, si le sort ne nous l'eût enlevé trop-tôt. Les mémoires que les sociétés dont il étoit membre conservent encore dans leurs archives, portent l'empreinte d'un génie élevé qui embrasse dans toute leur généralité les questions qui l'occupent et qui sait en appercevoir toutes les faces.

C'est ainsi qu'il se montre surtout dans son mémoire sur *la classification des êtres naturels par leurs parties intérieures* ; et

dans

dans celui *sur un systéme naturel des larves*; on y voit en même-temps l'observateur laborieux qui n'étoit pas arrêté dans son travail par sa mauvaise santé, et qui savoit consacrer aux objets, en apparence les plus minutieux, tout le temps et toute l'attention dont ils étoient dignes; tels sont ses mémoires *sur les animaux microscopiques et sur les coquillages pétrifiés des environs de Paris.*

On apperçoit dans d'autres ouvrages le physicien ingénieux, le métaphysicien profond, l'écrivain élégant; mais presque tous sont perdus pour sa gloire, parce que, emporté par la vivacité de son imagination, il se donnoit à peine le soin de tracer complettement ses idées, et que dans beaucoup d'endroits on ne trouve que des abréviations dont lui seul avoit la clef.

Les talents de Riche et ses qualités aimables lui concilièrent particulièrement l'estime et l'affection de deux hommes les plus remarquables de notre siècle; Fabricius et Vicq-d'Azyr : le premier ne parle encore aujourd'hui de son ami qu'avec les expressions des plus tendres regrets; Vicq-d'Azyr l'associa à ses travaux, et doit à son assiduité une bonne partie de ce qu'il a publié dans l'encyclopédie méthodique; on peut même dire que sans ses secours il n'auroit peut-être pas entrepris un pareil ouvrage : plus anatomiste, plus physiologiste que Riche, il étoit beaucoup moins naturaliste, et ne connoissant point assez le tableau général des êtres, il avoit besoin d'être guidé dans ce labyrinthe par un homme en état de lui indiquer à quelles espèces il devoit principalement appliquer son scapel.

Le citoyen Daubenton l'avoit fait pour les quadrupèdes et les oiseaux, Riche le fit pour le reste ; c'est lui qui est l'auteur des tableaux méthodiques qui précédent l'anatomie comparée ; celui où les êtres sont classés d'après leurs divers degrés de composition, et ceux qui présentent les vers, et les insectes considérés sous divers rapports durent être bien accueillis des naturalistes philosophes, et le furent en effet dans un temps où les idées sur lesquelles ils reposent n'étoient point encore familières.

Nous avons encore aujourd'hui les brouillons originaux de ces tableaux, écrits et corrigés de la main de Riche.

Aussi Vicq-d'Azyr lui rendit-il toujours

une justice éclatante ; il le loue plusieurs
fois dans ses écrits , et il avoit coutume de
dire que ce seroit lui qui le remplaceroit.
Il étoit bien loin de croire alors que Riche
le suivroit de si près dans la tombe.

Cependant l'air de Paris ne se trouvoit
point favorable à Riche ; sa poitrine lui cau-
soit des souffrances que la certitude de leurs
suites funestes aigrissoit encore ; ses amis
ne virent de ressource pour lui que dans
un changement de climat, et ils saisirent
l'occasion du voyage décrétée par l'assemblée constituante , pour le déterminer à
quitter cette ville. On sait en effet que l'air
de la mer dans les pays chauds est un des
remèdes les plus efficaces contre les maladies de poitrine , ou que du moins il en re-
tarde sensiblement la marche destructive.
Ils ne balancèrent donc pas entre l'espoir
de le sauver et le plaisir de jouir de sa société pendant quelques instants , qu'une
perte prochaine et prévue auroit rendus si
douloureux.

La France voulant se montrer la digne
émule de l'Angleterre dans les entreprises
qui ont pour objet l'accroissement des
sciences et le bien être de l'humanité, avoit

envoyé Lapeyrouse dans la mer du sud pour
y reconnoître les terres que l'immortel
Cook n'avoit pu visiter. Parti en 1785 il devoit être de retour en 1788 ; trois années
s'étoient écoulées et on n'avoit plus aucune
nouvelle de lui depuis son départ de Botany-Bay.

Il étoit bien probable, et la suite l'a
fait voir, qu'il avoit péri sur quelque rocher
ou par quelque tempête ; mais il étoit possible aussi qu'il eut abordé sur quelque côte
déserte, et qu'il attendit là les secours qu'un
heureux hasard lui présenteroit; l'humanité
vouloit qu'on cherchât à s'en assurer, et
la gloire de la nation exigeoit qu'on en-
voyât une nouvelle expédition pour refaire
ce que son malheur l'avoit empêché de terminer. La société des naturalistes le pro-
posa à l'assemblée constituante, au mois
de janvier 1791, et dans ces premiers temps
de la révolution, où tout ce qui étoit grand
et beau étoit accueilli avec enthousiasme,
ce projet fut applaudi par toutes les classes
de citoyens.

On destina à cette expédition deux ga-
banes que l'on nomma la Recherche et l'Espérance ; d'Entrecasteaux monta la pre-

mière en qualité de commandant en chef de l'expédition; il avoit sous lui d'Hermini d'Auribeau, comme capitaine de pavillon, Cretin, lieutenant, etc.

Huon, capitaine de vaisseaux, commandoit la Recherche ; il avoit sous lui Trobriart, lieutenant, etc.

Le ministre de la marine, Thévenard, chargea la société des naturalistes de lui proposer les personnes propres aux recherches relatives à l'histoire naturelle ; celui-ci invita ceux qui voudroient entreprendre ce voyage à venir s'inscrire dans ses registres.

On pense bien que les offres de Riche furent acceptées avec enthousiasme ; il fut agréé par le ministre, ainsi que les citoyens Labillardière, botaniste déjà célèbre alors par un voyage en Syrie, dont il avoit publié plusieurs décades de plantes rares; Deschamps qui avoit été présenté à la société par le député Delatre, rapporteur du décret qui ordonnoit le voyage, et Blavier, minéralogiste; on ajouta le citoyen Lahaie, jardinier, et on eut soin que les aumôniers et les chirurgiens fussent des hommes au fait des sciences naturelles ; le citoyen Ventenat, frère de notre confrère, remplit la

première de ces foncions sur la Recherche,
et il se montra dans le cours du voyage
un naturaliste très-zèlé, l'aumônier de l'Espérance fut l'astronome *Pierson*; la Recherche avoit un astronome à titre, nommé
Bertrand, mais s'étant fait débarquer au
Cap, il fut remplacé le reste du voyage
par un officier nommé de *Rossel*.

Ce fut le premier juillet 1791 qu'ils furent
instruits du choix du ministre. La société
des naturalistes leur donna des instructions
sur les recherches qu'ils avoient à faire; Ils
en reçurent aussi de la société de médecine.
Riche en particulier médita long-temps sur
le plan qu'il devoit se faire, ce plan existe
encore, il est extrêmement vaste, et il embrasse de la manière la plus complette toutes
les observations que l'on pourroit faire dans
un pareil voyage, si on étoit secondé par
les hommes et sur-tout par le temps; il prouve
à-la-fois l'étendue de l'esprit de son auteur,
et son peu d'expérience sur les obstacles in-
nombrables que l'on rencontre dans de semblables expéditions; aussi dit-il quelque part
dans ses journaux qu'un voyage autour du
monde n'est qu'un essai pour apprendre à
voyager.

Nos voyageurs partirent de Paris le 2 septembre ; arrivés à Brest ils firent un accord par lequel ils se partageoient les trois règnes de la nature, de manière que chacun d'eux devoit seul recevoir, classer et décrire ce que les autres auroient pu recueillir dans le genre qui lui seroit échu.

On appareilla le 28 septembre à midi ; Labillardière et Deschamps s'embarquèrent sur la Recherche, Blavier et Riche sur l'Espérance ; on mouilla à Saint Croix de Ténériffe le 13 octobre ; le général fit fournir aux naturalistes les guides et tous les autres secours nécessaires pour faire le voyage du Pic, mais les difficultés physiques en empêchèrent plusieurs de terminer cette entreprise ; Riche et Blavier restèrent suffoqués encore bien loin du but, et le citoyen Labillardière fut le seul des quatre qui put parvenir au sommet. Il a publié une relation abrégée de ce qu'il y a observé.

Le trajet de Ténériffe au Cap fournit à Riche un grand nombre de faits nouveaux concernant les poissons et les vers, et leur anatomie.

Ce fut dans ce trajet que les naturalistes donnèrent les premières marques de mécon-

tentement ; plusieurs personnes de l'équipage vouloient faire des collections parti-
culières, et cet abus enlevoit à ceux qui
étoient chargés spécialement de ce soin plusieurs objets qui auroient dû leur revenir.
L'attention que le ministre avoit eue de
choisir pour plusieurs des fonctions de l'expédition, comme celles d'aumônier, de chirurgien, etc. des personnes versées dans
l'histoire naturelle, afin de suppléer par là
au petit nombre de celles qui étoient char-
gées en titre de cette partie, fut une source
de discorde ; Les naturalistes vouloient
qu'on leur rapportât tout ce qui se recueil-
loit ; leurs émules qui auroient été privés
des fruits qu'ils attendoient de ce travail se
cachoient d'eux, cherchoient à leur ôter la
connoissance de ce qu'ils découvroient ;
de là des jalousies et des altercations, telles
qu'au Cap les naturalistes demandèrent à
être laissés à terre ; mais le citoyen Blavier
persista seul dans cette résolution que sa
santé lui rendoit d'ailleurs nécessaire.

Ce fut le 17 janvier que l'escadre mouilla
dans la rade du Cap. D'Entrecasteaux voulant favoriser les opérations des naturalistes
les fit loger à terre aux frais du gouverne-

ment; ils firent plusieurs excursions pendant un mois de séjour dans cette agréable relâche , et Riché envoya de-là à la société d'histoire naturelle et à la société philomatique des mémoires forts instructifs , et de nombreux herbiers. On conçoit cependant qu'un pays aussi peuplé et aussi souvent visité, par les européens, que le Cap, ne pouvoit lui fournir autant de choses nouvelles , que ceux presque inconnus qui fesoient le but de l'expédition.

On quitta le Cap le 16 février ; on passa le 28 mars à la vue de l'île d'Amsterdam , située , comme on sait, au milieu de la mer des Indes , à une distance presqu'égale du continent de l'Afrique et de celui de la nouvelle Hollande. Cette île vomissoit des nuages énormes de fumée , et on distinguoit des bouches à feu d'une grandeur considérable, mais toutes situées dans les terreins les plus bas ; les flancs de la montagne étoient escarpés et nuds ; les arbres que d'anciens voyageurs y avoient décrits ne s'y trouvoient plus ; Riche concluoit de ces observations que l'île avoit été formée par un ancien volcan et que les flammes qu'on y voyoient étoient l'éruption d'un nouveau , dont les ravages avoient détruit la végétation produite sur les flancs du premier ; il regrettoit que le vent et l'épaisseur de la fumée ayent empéché toute relâche et l'ayent privé de pouvoir vérifier ses conjectures.

De-là l'escadre cingla droit vers la terre de Vandiemen qui fait la pointe la plus méridionale de la Nouvelle Hollande , et ils mouillèrent dans la baye des Tempétes le 21 avril. Un séjour de plus d'un mois dans ce pays encore presque entièrement inconnu, mit les naturalistes à même de faire des observations nombreuses et importantes. Riche en particulier fesoit de nombreuses promenades dans les terres ; il examinoit le terrein , les eaux , les forêts et les habitations, car les habitants eux mémes avoient fui , et ce ne fut que rarement et comme par hasard qu'on put approcher de quelques-uns ; mais les débris de leur repas dans lesquels on trouva des ossements humains fraichement décharnés , apprirent qu'ils étoient antropophages, et Riche vit là, à son grand étonnement ; que l'homme n'en est pas meilleur pour être plus près de l'état de nature. Ces peuples sont noirs et ont les

cheveux crépus , mais leurs traits sont différents de ceux des nègres d'Afrique , ils ne
paroissent point avoir de propriétés, ils
abandonnent leurs huttes avec autant de
facilité qu'ils les construisent , ils ne paroissent les employer que lorsqu'ils viennent
pêcher sur les côtes ; leurs grands arbres ne
sont point propres à faire des pyrogues et
ils n'ont que des bateaux d'écorce d'*euca-
lyptus*, avec lesquels ils n'osent se hasarder
au loin ; on sait aussi que leur pays ne produit aucun de ces animaux qui pourroient
aider les hommes qui auroient su les domp-
ter, ensorte que la nature semble avoir con-
damné ces malheureux Papous à une foiblesse et une misère perpétuelle.

Cette pointe de terre qui ressemble beaucoup à celle qui termine l'Afrique par sa
forme générale , et qui en diffère peu par
sa latitude, présenta encore à Riche des
rapports frappants avec le Cap par sa litho-
logie, ses roches et son sol ayant les mêmes
substances et des dispositions semblables.

Mais ce fut sur-tout la mer qui lui fournit
de nombreuses découvertes ; la pêche étoit
abondante, il y assistoit tous les jours et il
s'emparoit de tout ce que la ligne et la seine

lui présentoient de nouveau en poissons,
en molusques, en coquillages; non content
de les recueillir, il les disséquoit, il en dé-
crivoit l'organisation, il fesoit des réflexions
sur leurs rapports et sur leur physiologie, et
cette portion de son journal contient beaucoup de faits neufs et piquants qui seront
bien reçus des naturalistes.

L'escadre quitta ce séjour intéressant le
28 mai 1792; elle traversa le détroit qui
venoit d'être découvert par les citoyens
Saint-Aignan, l'un de ses officiers et Beaupré, ingénieur-géographe; ce détroit mène
de la baye des Tempêtes à celle de l'Aventure; l'escadre en reconnut les positions, y
fit de grandes provisions de poissons salés,
et comme on y jettoit l'ancre tous les soirs,
les naturalistes purent y faire de nouvelles

récoltes. Ce fut dans ce détroit que Riche
reconnut une nouvelle cause de l'état lu-
mineux de la mer dans une espèce non encore décrite de *daphnia* très-phosphorescent.

On tourna ensuite au nord est pour gagner la *Nouvelle Caledonie*, île longue et
étroite, située à quinze degrés à l'est de la
Nouvelle Hollande, et presque parallèle
aux côtes de cette grande terre; On en re-

connut la côte occidentale qui ne l'avoit point été et qui est très-périlleuse pour les navigateurs , par les nombreux récifs qui en défendent l'approche ; la Recherche pensa même s'y perdre le 20 juin ; engagée entre des récifs elle tenta trois fois inutilement de virer de bord ; ce fut d'Auribeau son lieutenant qui vint , tout malade qu'il étoit, commander la manœuvre qui la sauva en faisant réussir une quatrième tentative.

On peut remarquer ici comme un trait du caractère singulier de cet homme, qui a été depuis si funeste à l'expédition , qu'il fallût que le chirurgien vînt le solliciter plusieurs fois de monter sur le pont et l'assurer que cela ne l'incommoderoit point. Il alloit laisser périr le vaisseau et s'engloutir avec, de peur de s'exposer à l'air en le sauvant.

Ils perdirent de vue la Nouvelle Caledonie le 2 juillet sans y avoir pu aborder, quoiqu'ils en eussent été assez près pour en distinguer les habitants ; ils se dirigèrent de-là vers les îles de l'Amirauté , situées au nord de la Nouvelle Guinée ; des bruits vagues leur avoient annoncé qu'on y avoit vu quelques habits et quelques usténciles Européens, et ils pensoient qu'ils pourroient y apprendre des nouvelles des navigateurs qu'ils cherchoient.

Ils virent, en passant les îles de Salomon ou des Arsacides, et ils reconnurent la partie ouest de l'archipel de Bougainville ou des îles de la Trésorerie; ces îles sont situées à l'ouest de la Nouvelle Guinée, ils ne communiquèrent qu'avec les habitants de l'île *Bouca*, nommée ainsi par Bougainville, d'un cri que ces insulaires lui firent entendre. Ce sont des hommes très-basanés qui se barbouillent de diverses couleurs et se perdent les dents par l'usage du betel et de la chaux.

Ils relâchèrent le 17 juillet au port *Carteret*, dans la Nouvelle Irlande; cet endroit étant beaucoup plus près de la ligne que tous ceux que nos naturalistes avoient visité jusqu'ici; on s'attend bien qu'ils y trouvèrent un grand nombre de productions nouvelles. Riche y décrivit sur-tout beaucoup d'animaux, des coquilles, objet d'autant plus précieux que nous n'avions jusqu'ici sur les espèces testacées de la Zône Torride, que les figures peu nombreuses d'Adanson, et celles peu fidelles de d'Argenville.

Mais les pluies continuelles qu'on essuya

empêchèrent les recherches à terre , et firent même un grand tort à la santé de l'équipage où le scorbut se manifesta de plus en plus , ce qui fut d'autant plus fâcheux qu'on ne trouva d'ailleurs en cet endroit aucune des provisions qu'on espéroit y trouver.

On quitta le port Carteret le 24 juillet , et après avoir longé la côte sud de la Nouvelle Irlande , et quelques petites îles , on arriva le 28 aux îles de l'Amirauté.

Les recherches qu'on y fit pour y trouver quelques débris de l'escadre de Lapeyrouse furent vaines. On communiqua librement avec les habitants ; qui paroissent bons et paisibles ; on commerça avec eux ; ils vinrent même sur les vaisseaux , mais on ne leur apperçut aucun instrument ni aucun habillement européen : le seul vêtement de ces insulaires consiste dans l'espèce de coquille nommée *bulla ovum* dont ils se garnissent le gland , et c'est une aussi grande honte pour eux de se défaire de cet ornement que c'en pourroit être chez nous à une femme de paroître nue en public.

On passa auprès de plusieurs îles situées à l'ouest des précédentes , et on doubla le 21 août le cap le plus nord ouest de la Nouvelle Guinée, pour traverser la mer des Moluques et se rendre à Amboine, afin d'y refaire l'équipage épuisé par les fatigues d'une si longue campagne, et par les maladies qui en étoient les suites.

Pendant ce trajet, Riche qui n'avoit point trouvé dans les différentes relâches les secours qui lui auroient été nécessaires pour donner à ses recherches l'étendue et le succès dont elles auroient été susceptibles, qui avoit été obligé d'aller seul à la chasse, sans aide pour tirer ni même pour rapporter le gibier, qui se voyoit enlever les plus beaux produits de la pêche par les gens de l'équipage, que la manie de faire des collections avoient tous saisis, écrivit au commandant une lettre fort détaillée, pour l'inviter à remédier à ces inconvénients et pour lui exposer les mesures que le but de l'expédition et l'esprit des décrets qui l'avoient ordonnée exigeoit de sa part.

Il paroît qu'en général il n'y avoit pas une grande harmonie entre les officiers supérieurs de l'escadre et les naturalistes ; les premiers ne trouvoient pas dans ceux-ci cette subordination aveugle qui est encore plus nécessaire à la mer que dans les autres armées ;

armées; d'ailleurs les naturalistes étoient ardemment attachés au régime qui venoit de prévaloir en France lorsqu'ils en partirent; ils appartenoient à une société qui fesoit profession particulière de cet attachement et qui devoit son existence et son crédit à ce régime. Les officiers au contraire devoient par leur naissance, leurs habitudes, leur état même avoir plutôt de la propension à le contrarier.

Sans doute que cette diversité de sentimens se manifesta dans les conversations ordinaires; les officiers s'accoutumèrent dès-lors à voir dans les naturalistes des adversaires ou même des ennemis; bientôt les chefs crurent y voir des espions; les demandes les plus simples excitoient leur méfiance, leur paroissoient des piéges destinés à servir dans la suite de chefs d'accusation contre eux. On ne sait que trop combien cet esprit de défiance et de jalousie régnoit dans notre ancienne marine; il a été plus d'une fois funeste à nos expéditions de guerre, et nous verrons bientôt combien il l'a été à celle ci qui n'avoit que les sciences pour objet.

D'ailleurs on sent que les deux genres de

connoissances que cette expédition devoit procurer , ne pouvoient espérer un égal encouragement de la part des chefs. Des marins devoient s'intéresser bien d'avantage aux observations nautiques et astronomiques , aux gisements des terres , à la levée des cartes dont dépend leur sûreté et celle de tous les navigateurs , qu'à des recherches d'histoire naturelle , qui ne leur paroissoient au plus propres , qu'à procurer quelques colifichets de plus aux collections qui ornent nos cabinets ; aussi les relâches , unique objet des vœux des naturalistes , contrarioient-elles nécessairement les marins , qui n'en fesoient qu'autant que les besoins de leurs vaisseaux et de leurs équipages le commandoient.

Quoiqu'il en soit de la justesse de ces observations , la réponse d'Entrecasteaux à Riche fut un refus formel et détaillé de toutes ses demandes , accompagné de reproches très-peu mérités sur la manière dont ils les avoit énoncées , et de la menace de faire imprimer sa lettre immédiatement au retour en France. Riche fut réduit à déplorer une démarche qui avoit achevé de lui ôter la confiance d'un homme qu'il

respectoit réellement, ainsi qu'il le dit lui-
même ; il exprime d'une manière douloureuse ses regrets sur le peu de précautions
que l'on avoit prises pour assurer dans tous
ses points le succès de l'expédition , et il
donne des avis bien salutaires aux naturalistes qui seroient tentés de s'engager dans de
semblables voyages , et sur les choses et
les moyens qu'ils doivent commencer par
exiger s'ils veulent en tirer quelque honneur.

Ils arrivèrent à Amboine , le 6 septembre
1792. On sait que cette île est le chef lieu
des établissements hollandois dans les Moluques , et qu'elle est aussi célèbre parmi
les naturalistes , par la foule d'objets rares
et curieux qu'elle leur a fournis , qu'elle
peut l'être parmi les hommes d'état par les
richesses immenses que le commerce ex-
clusif des épiceries a procurées à ses pos-
sesseurs ; mais elle va bientôt perdre ces
deux avantages ; la Nouvelle Guinée et la
Nouvelle Hollande , mieux connues , vont
nous envoyer en abondance les productions
naturelles dont Amboine n'avoit que ce qui
s'échappoit de ces deux grandes terres , et
on sait que malgré la vigilance des hollandois , les épiceries sont déjà transplantées

dans les deux mondes. Ces révolutions, ces transports alternatifs de commerce et de puissance devoient exciter les réflexions d'un homme comme celui dont j'écris l'histoire ; aussi en a-t il fait de profondes et d'ingénieuses , et sur les causes de l'affoiblissement des hollandais , et sur les moyens de prospérité que la nature offre à ce vaste continent de la Nouvelle Hollande, où les européens commencent à s'établir et où ils pourront fonder , avec le temps , des états aussi puissants que ceux de l'Amérique.

Mais l'histoire naturelle reprenoit bien-tôt le dessus sur tout autre objet de méditation. Sitôt qu'on eut rempli toutes les formalités que prescrivit la défiance du commandant hollandais, Riche et ses camarades firent des excursions dans l'île, sans se laisser rebuter par la chaleur extraordinaire, ni par les autres incommodités d'un pareil climat , sur-tout dans un moment où le soleil étoit presque dans ce parallèle ; aussi se trouvèrent-ils bientôt tous plus ou moins indisposés , et Ventenat en particulier fut attaqué d'une dyssenterie qui le mit en deux jours dans un état que tout le monde crut désespéré ; un effort heureux de la nature dit Riche dans son journal, le ramena du bord de sa tombe, mais il resta en convalescence pendant tout le temps de la relâche.

Riche fait ici une peinture vive de toutes les difficultés dont les recherches d'histoire naturelle sont hérissées dans ses climats brûlants, et il témoigne son ardente reconnoissance pour ceux des habitants d'Amboine qui lui en ont allégé quelques-unes par leurs secours et leurs conseils ; en effet les nombreuses observations dont il a enrichi son journal en cet endroit prouvent qu'il y a eu plus de facilités qu'ailleurs ; elles roulent toujours principalement sur les animaux marins. Il se réservoit pour décrire à loisir en mer ou en Europe les plantes et les insectes qui pouvoient se conserver ; il ne se doutoit guères des empêchements que le sort lui réservoit. Il donne l'anatomie complette du *calao* (*buccros*) qui manquoit aux naturalistes, et celle d'une nouvelle espèce de tortue qu'il appelle *testudo Amboinensis.*

On quitta Amboine le 13 octobre, après vingt-huit jours de relâche, pour faire du côté du sud-ouest le tour de ce grand continent de la Nouvelle Hollande , et sur-tout pour reconnoître les côtes qu'on soupçonne joindre la terre découverte par Nuyts en 1672 , à la terre de Vandiemen. On commença ce travail géographique au cap *Lewin* ou des Lions, le point le plus occidental de la terre de Nuyts où on arriva le 5 décembre. On suivit la terre le plus près possible, et le 9 on se trouva dans la position la plus critique de tout le voyage ; un violent coup de vent attaqua les vaisseaux et les engagea si dangéreusement dans les ressifs qui bordent cette côte, que le capitaine de l'Espérance, de l'avis de son conseil, ne vit d'autre ressource que de se jetter à la côte pour sauver au moins ce que l'on pourroit de l'équipage. Le citoyen Legrand, enseigne à bord, aujourd'hui commandant la frégate l'Immortalité, est chargé de piloter le vaisseau vers le lieu qui lui paroîtroit le plus favorable pour ce dessein ; il monte au mât pour remplir ce triste devoir, et à force d'attention et de présence d'esprit il a le bonheur de conduire le bâtiment entre un ressif et une île de roche où il trouve un bon mouillage. Pendant ce temps la Recherche qui continuoit à tenir la mer a ses

voiles déchirées , ses écoutes brisées, et il
ne lui reste plus d'autre parti que celui
qu'elle croyoit dé,à embrassé par sa conserve , de se jetter à la côte. Qu'on se re-
présente sa joie , lorsqu'elle vit l'Espérance
dans un bon mouillage, qui l'invitoit par ses
signaux à venir partager son bonheur ; il
faut se représenter cette foule d'hommes
de considération et de mérite, qui au-lieu
de venir jouir dans leur patrie de la gloire
si bien méritée par tant de travaux, se
voyoient préts à périr sur une côte déserte,
pour se faire une idée de l'effet que dut produire sur eux une révolution si heureuse
dans leur sort.

On resta quelques jours dans cet endroit
et les naturalistes purent s'y occuper avec
succès de l'objet de leur mission. Riche y
décrivit plusieurs animaux marins ; il fit des
observations anatomiques importantes sur
les phoques et les cétacés ; il vit entre
autres que le cœur des premiers n'a point
le trou de botal ouvert, comme on s'obs-
tine à le répéter depuis si long-temps.

Ce fut pendant ce mouillage que son zèle
pour les recherches pensa le faire périr dans

N 4

les horreurs du désespoir ; il étoit allé à terre le 14 décembre à dix heures du matin, avec quelques officiers de l'Espérance et les citoyens Labillardière et Ventenat ; on se dispersa en se donnant rendez-vous au canot pour le soleil couchant ; l'heure du retour arrivée, Riche ne se trouva point ; on l'attend deux heures dans l'inquiétude et dans l'effroi, et la nuit arrivant à grands pas, on est obligé de retourner aux vaisseaux, en le laissant seul sur cette terre inconnue, où il pouvoit aisément devenir la proie des féroces habitants ; on lui laissa sur la plage un bon feu, des provisions, des vêtemens, son fusil et un mot d'écrit. On envoye le lendemain les citoyens Laignet et Lagrandière à sa recherche ; ils reviennent à deux heures sans succès : à quatre heures douze hommes partent pour tenter un nouvel effort, mais déjà on désespéroit du succès parce qu'on avoit trouvé sur la plage son mouchoir et un de ses pistolets, et qu'on jugeoit d'après cela qu'il étoit devenu la proie des sauvages. Comme cette tentative devoit être la dernière, on donna au canot des vivres pour deux jours, et le général fit tirer le canon et lancer des fusées pendant toute la nuit, afin de donner un moyen de ralliement au malheureux naturaliste.

L'eau commençoit à manquer ; le trajet qu'on avoit à faire étoit long : déjà les équipages murmuroient de ce retard. Le général balançant entre l'idée d'abandonner ce malheureux et intéressant jeune homme et le danger de compromettre le salut entier de l'escadre confiée à ses soins, se proposoit d'appareiller, si le canot revenoit sans avoir rencontré Riche ; il ne pouvoit même se rien reprocher, car il auroit été très-vraisemblable qu'il seroit mort de faim, pendant le temps qui s'étoit écoulé, quand même il n'auroit pas été rencontré par les naturels ; enfin, le 16 sur les trois heures on vit arriver le canot rapportant, contre toute espérance, ce martyr de l'histoire naturelle, à moitié mort de fatigue et de faim.

On juge aisément de la joie de ses camarades, dont les instances auprès du général, avoient principalement contribué à faire différer le départ : le citoyen Labillardière sur-tout s'y étoit employé avec la plus grande force ; il avoit représenté que

Cook avoit attendu plusieurs jours un simple matelot , et que cet exemple pouvoit bien être suivi pour un homme aussi précieux par ses connoissances que devoit le paroître Riche.

Celui-ci raconte dans son journal comment il s'étoit égaré et ce qu'il eut à souffrir pendant ces quatre jours. On avoit apperçu des tourbillons de fumée s'élever de diverses parties de l'intérieur des terres et à peu de distance de la côte ; il y dirigea sa course pour en reconnoître la cause, mais dans ces premiers pas qu'il fesoit sur cette terre nouvelle, il étoit arrêté à chaque instant par quelque objet intéressant ; il perdit insensiblement ses camarades de vue : après avoir cotoyé quelque temps la mer, il rencontra une vallée qui étoit entièrement couverte de troncs d'arbres pétrifiés qui paroissoient cassé à un pied de terre, mais dans lesquels on distinguoit encore tout ce qui caractérise le bois. Un grec, suivant l'expression de Riche , auroit cru voir dans ce vaste espace un effet des regards de la Gorgone ; une nouvelle colonne de fumée lui fit de nouveau changer de direction ; elle lui paroissoit à peine à une lieue de distance , mais sa vue le trompoit, et après avoir marché trois lieues, il en étoit encore fort loin ; voulant alors revenir aux vaisseaux il se dirigea vers une colline d'où il vit un grand lac, qu'il prit pour la mer ; il s'y porta et fit fausse route. Le poid de sa collection, la soif, l'excessive chaleur alloient le faire tomber, lorsqu'en côtoyant ce lac il découvrit une source d'eau douce ; il remercie la providence et reprend quelques forces en se désaltérant ; voyant qu'il s'étoit égaré, craignant d'être encore obligé de marcher long temps avant de retrouver le mouillage, il jette les plantes et les minéraux qu'il avoit recueillis dans cette course, comme le passager sacrifie sa fortune aux flots irrités, pour leur arracher au moins sa vie. Son journal prouve que dans cet horrible état de détresse il ne négligeoit pas de remarquer les objets intéressants qu'il rencontroit. Après avoir encore tenté deux fois de fausses routes, il retourne vers sa fontaine ; il y allume du feu avec des allumettes phosphoriques qu'il avoit par hasard ; il espéroit être vu par quelques naturels et en obtenir des aliments ; en cas d'attaque il comptoit se défendre avec son pistolet, pour lequel il n'avoit cependant qu'une charge, et avec son marteau lithologique La journée suivante se passa encore à errer tantôt dans les sables mouvans, tantôt dans des marécages, et il finit par revenir à la fontaine, sans avoir mangé autre chose que quelques sommités de laitron, ni vu d'autres êtres animés que trois *kanguroos*. Il s'y coucha avec la fièvre, la gorge brûlante et la poitrine oppressée et douloureuse; un orage approchoit, néanmoins la fatigue surmonta la crainte de l'eau et il s'endormit. Restauré par quelques heures de sommeil il fut plus heureux le 16, et après avoir marché deux heures, en portant environ un verre d'eau dans une petite boëte pour lui servir de ressource dans le plus grand besoin, il découvrit enfin la mer; mais il étoit encore très-loin du mouillage, et ce ne fut qu'après avoir suivi la côte pendant une heure, qu'il put appercevoir les vaisseaux avec ses lunettes.

Dès cet instant, dit il, tout changea de face à ses yeux, et il se mit à recommencer sa collection autant que sa foiblesse le lui permit. A son arrivée il ne pouvoit plus parler, et il ne ressentoit plus la faim qui l'avoit tant tourmenté la veille ; il versa des larmes de reconnoissance , en apprenant tous les soins qu'on s'étoit donnés pour le retrouver , et tout l'intérêt que son malheur avoit excité.

Il paroît que ces grandes fumées sont produites par le feu que les naturels du pays ont coutume de mettre aux broussailles ; on en vit beaucoup occupés à cela ; on n'apperçut en quadrupèdes que quelques *kanguroos* , mais on vit encore les tracés d'un animal différent.

Les vaisseaux quittèrent ce port , nommé à si juste titre de l'Espérance , le 17 décembre , et ils continuèrent à longer la côte de la Nouvelle Hollande , jusqu'au 2 janvier 1793 que le vent contraire , le défaut d'eau , et dérangement du gouvernail de l'Espérance , les força de reprendre le large. Ce fut sur-tout le capitaine de l'Espérance , Huon , qui y détermina le général.

Ce trajet fut de 9 dégrés en longitude , et dans cet immense espace , ils n'apperçurent aucun endroit propre à mouiller , aucun port , aucune embouchure de rivière , ni grande , ni petite ; laissant donc cette portion du circuit ouest de la Nouvelle Hollande, qui s'étend depuis les 33 degrés sud jusqu'à la terre de Vandiemen, dans les mêmes ténèbres où elle a été jusqu'ici, ils se dirigèrent vers cette dernière terre, et ils mouillèrent le 21 janvier dans la baie des Tempêtes, où il avoient déjà séjourné au mois d'avril et de mai de l'année d'auparavant.

Riche y observa une analogie frappante dans la marche des vents, des nuages et des autres météores, avec ce qu'on connoît de la montagne de la table, et il se confirma dans l'idée que d'autres phénomènes lui avoient donnée l'année précédente de la ressemblance de cette terre avec le Cap. Ce qui satisfit le plus les naturalistes, fut de voir plusieurs naturels avec lesquels ils conversèrent librement à diverses fois. Ils forment de petites hordes éparses et mal armées.

On traversa de nouveau ce détroit qui mene de la baie des Tempêtes à celle de l'Aventure; on mouilla dans cette dernière le 21 février, et on y séjourna jusqu'au 27. On y trouva quelques restes du jardin qu'y avoit planté en février 1792 le capitaine

Bligh , et on y planta du cresson avec une inscription.

De-là on se dirigea au nord-est. On eut connoissance le 11 mars du cap nord de la Nouvelle Zéelande ; les naturalistes eurent encore ici le désagrément de ne pouvoir -aborder à une terre qui leur promettoit de si nombreuses découvertes ; mais le temps pressoit; on savoit que Lapeyrouse , en quittant Botany-Bay , s'étoit dirigé vers les îles des Amis , et c'étoit-là qu'il y avoit le plus d'espoir d'apprendre de ses nouvelles.

Il n'est personne qui ne connoisse , d'après les relations de Cook et de Bligh , cet heureux archipel et les fortunés insulaires qui l'habitent et qui semblent avoir conservé les vertus et les plaisirs de l'état de nature, en acquérant les commodités de l'état social. Avec quel contentement des voyageurs affamés et épuisés par une telle expédition abordèrent-ils dans ce paradis terrestre, dont les habitants venoient en foule à leur rencontre avec les démonstrations de la joie la plus vive , et en leur apportant en abondance de superbes fruits , des cochon très-gras , et sur-tout ce fruit de l'arbre à pain, qui devoit paroître si délicieux à des gens réduits depuis si long-temps au biscuits et aux salaisons. Je ne parlerai pas des nymphes agaçantes qui leur présentoient la volupté avec tous ses charmes et débarrassée de tous les remords qui marchent à sa suite dans nos sociétés civilisées : ne levons pas le voile du mystère, si essentiel aux jouissances de l'amour, et bornons nous à parler de ce qui peut intéresser le naturaliste et le philosophe.

Ce peuple est un des plus beaux de la terre, sa taille porte l empreinte de l'abondance physique dans laquelle il vit, et sa figure celle de son bonheur moral ; cependant il est très-enclin au vol, du moins à l'égard des étrangers, soit que la propriété ne soit pas établie dans les pays où la nature offre gratuitement toutes ses jouissances, comme dans ceux où elle ne les donne qu'en échange d'un travail opiniâtre; soit qu'ils en regardent le droit comme établi par leur contrat social particulier, auquel les étrangers ne participent point. Ce penchant et la vivacité française produisirent quelques scènes désagréables ; on avoit voulu commencer par leur inspirer de la crainte, en leur fesant connoître l'effet

des

des armes à feu ; mais l'essai en fut très-
malheureux : le premier tireur fit faux feu
du premier coup et manqua du second ;
aussi-tôt un des chefs de l'île s'avance et
d'un coup de flèche tue la poule qu'on avoit
placée pour but.

Cette espèce de victoire sur les armes
européennes causa, dit Riche, une fermen-
tation si violente parmi les naturels, que
l'on craignit un instant quelque mouvement
dangereux ; heureusement le citoyen Labillardière jetta d'un coup une seconde poule
par terre , mais il fut bien moins applaudi
par les naturels. La nuit suivante un naturel
terrassa d'un coup de massue la sentinelle
postée auprès de l'observatoire et lui enleva
son fusil ; on cria aussi-tôt aux armes, et
les français furent bien tôt en présence des
insulaires ; on craignoit un engagement,
lorsque quelques chefs vinrent mettre la
paix , en chassant tous les mutins à coups
de bâton. Ils engageoient les français à tuer
les voleurs , et cependant ils accueilloient
avec des caresses et des condoléances, ceux
qu'on se bornoit à punir de quelques coups
de corde ; c'est ce qui arriva sur-tout à un
d'eux , qu'on avoit saisi volant un sabre sur

l'Espérance, et qu'on renvoya à terre après lui avoir donné quelques coups et lui avoir rasé la moitié de la tête.

On sait aussi que ces îles qui portent un si beau nom, parce qu'elles reçoivent les étrangers avec quelque hospitalité, sont continuellement en guerre les unes contre les autres : elles mettent beaucoup d'art à construire les pyrogues qui doivent servir à ces expéditions cruelles, dont le résultat est souvent qu'on dévore de part et d'autre les prisonniers qu'on avoit faits. On en vit une à Tongataboo, qui avoit été prise sur les insulaires de Feidgy, et qui étoit aussi longue qu'une frégate.

On chercha à savoir si M. de Lapeyrouse étoit abordé aux îles des Amis. Les habitans firent l'énumération de tous les bâtimens qu'ils avoient vu depuis Cook, en indiquant le temps par le nombre de récoltes d'ignames: on reconnut dans ces divers passages celui de Lapeyrouse au nord de ces îles, lorsqu'il alloit des îles des Navigateurs à Botany Bay ; il en vint alors assez près pour acheter quelque vivres des pêcheurs qui étoient sur les bancs du nord de Tongataboo, mais on s'assura qu'il n'y étoit point

revenu à son retour de Botany-Bay ; il fal-
loit donc que ses vaisseaux eussent péri
dans l'intervalle ou qu'il eut changé de plan
de route. Il est extrêmement probable selon
le citoyen Beaupré, que la foiblesse de son
équipage, ne lui ayant pas permis de gagner assez-tôt Tongataboo, il aura voulu
relâcher à la Nouvelle Caledonie, où il devoit espérer, d'après ce qu'en avoit dit Cook,
de trouver des vivres, un mouillage et des
habitants hospitaliers ; mais qu'au lieu de
ce qu'il s'étoit promis, il n'y trouva que la
mort, sur cette chaîne effroyable de récifs,
où nos voyageurs pensèrent se perdre plus
d'une fois ; et si quelques personnes de
l'équipage purent gagner la grande terre,
ils durent y devenir victimes des habitants
qui, bien loin d'avoir ce caractère humain
que leur attribue Cook, sont au nombre
des plus féroces antropophages.

Mais si les îles des Amis ne satisfirent
point sur ce principal but de l'expédition,
elles remplirent abondamment les vœux des
naturalistes par leurs productions, et sur-
tout en leur fournissant des pieds d'arbres
à pain, qui depuis, après avoir couru bien
des hasards, sont enfin arrivés par les soins

du citoyen Lahaye, sains et saufs en France;
d'où on doit en enrichir nos colonies. Une
pareille conquête est bien plus précieuse
que celles où l'on paye de tant de sang
l'esclavage et le malheur de quelques
contrées.

Après avoir séjourné à Tongataboo depuis
le 23 de mars 1792, jusqu'au 10 d'avril, on
retourna à l'ouest pour aborder sur la côte
orientale de la Nouvelle Caledonie, puisque
c'étoit désormais le seul endroit, où on put
encore avoir l'espoir de rencontrer le malheureux Lapeyrouse. On y arriva le 27
avril, après avoir reconnu plusieurs des
îles découvertes par Cook, entr'autres le
volcan encore brûlant de Tanna.

Les naturalistes, les jeunes officiers se
rendent à terre avec leur empressement or-
dinaire; ils s'éparpillent sur cette plage où
ils ne devoient rencontrer que de si bonnes
gens; mais l'un d'eux étant entré dans une
case, voit dans un coin un insulaire occupé
à ronger un grand os; croyant déjà voir un
vestige de quelque quadrupède inconnu, il
s'approche pour vérifier sa conjecture, et
il trouve les os du bassin d'un homme dont
les tendons mêmes sont déjà rongés; il sonne

aussi tôt l'allarme ; il rassemble ses camarades, et on s'empresse de se rembarquer.
Trois personnes ne se retrouvèrent pas dans
le moment, mais le général envoya bien vîte
à leur rencontre un canot armé qui les reçut
au moment où ils étoient déjà assaillis sur
le rivage, par environ deux cents insulaires.

Il paroît que cet usage barbare ne cesse
que lorsque la culture ou le climat rendent
les autres vivres assez abondants. La Nouvelle Caledonie étant un pays très stérile,
et manquant de gibier, paroît donc devoir
le conserver encore long temps ; c'est cependant une question assez embarrassante de
savoir comment l'espèce humaine peut se
recruter assez, pour se servir continuellement de principale nourriture à elle-même.

Ce fut dans cette rélâche que mourut
dans la nuit du 5 au 6 mai le capitaine de
l'Espérance, Huon ; son tempéramment usé
ne put se soutenir dans un voyage aussi long
et aussi fatiguant ; le commandement de sa
gabarre passa au lieutenant de la Recherche,
d'Auribeau. Huon fut enterré sur une petite
île où l'on avoit placé l'observatoire. Il légua
sa collection à l'état : on conserve au mu-
séum une espèce très-rare de coquillage,

argonauta vitrea , qu'il recommanda particulièrement en mourant.

' Je ne fatiguerai point votre attention à suivre nos voyageurs dans cette foule d'îles en partie nouvelles , en partie peu connues , qu'ils dépassèrent après avoir quitté la Nouvelle Caledonie ; ces détails sont d'autant plus étrangers à mon ouvrage, que ce temps employé de la manière la plus précieuse à la géographie , fut presque perdu pour l'histoire naturelle, parce qu'il n'y eut presque aucune relâche. Riche en témoigne souvent sa mauvaise humeur dans son journal ; mais si l'on eut trop tardé dans ces parages, la mousson eut empêché de gagner les Moluques cette année ; l'expédition seroit restée sans vivres , sans moyens de se rafraichir : le scorbut s'y fesait déjà sentir d'une manière très-alarmante , et le général lui-même en étoit attaqué mortellement.

Il mourut le 21 juillet 17,3, presque sous l'équateur, après avoir parcouru cette longue chaine d'îles et de rochers situés à l'orient de la Nouvelle Guinée , et connues sous le nom de reine Charlotte, d'arsacides ou de Salomon, et de louisiade ; et après avoir relevé la côte septentrionale de la Nouvelle Irlande : il sentoit son mal, et se hâtoit de se rendre à Java. On peut dire que son équipage en avoit autant de besoin que lui, car les ravages du scorbut ne tardèrent pas à s'étendre ; la cause en étoit sur-tout la fatigue excessive que ce voyage avoit causée. On avoit fixé un temps beaucoup trop court pour cette expédition, et cela avoit trop fait épargner et raccourcir les relâches ; aussi lorsque le scorbut eut un peu diminué à Bourro, colonie hollandoise dans les Molucques, il se manifesta des dyssenteries cruelles.

D'Herminy d'Auribeau qui étoit devenu, par la mort de Huon, capitaine de l'Espérance, succéda au général d'Entrecasteaux dans le commandement en chef de l'expédition, et Rossel prit celui de l'Espérance. Il paroît que d'Auribeau n'étoit ni aimé, ni estimé sur l'escadre. Du moment qu'il prit le commandement, j'apperçois dans tous les journaux qui m'ont passé sous les yeux, les expressions du mécontentement et de la haine ; cela alloit au point qu'on l'accusoit, dans une partie de l'équipage, d'avoir empoisonné ses deux chefs, et que cette accusation si peu vraisemblable a été répétée en France : il n'est pas étonnant que de ce moment, tous les liens de la subordination ayent été affoiblis, et que la discorde intérieure, jointe à la conduite hostile des hollandois, ait mis fin d'une manière honteuse à une expédition si belle, si noble et si utile, et ait privé la nation qui l'avoit entreprise de la plus grande partie de ses résultats, pour les livrer à nos rivaux de gloire et d'ambition.

Les vaisseaux arrivèrent le 14 acût à Wagion, où ils séjournèrent jusqu'au 27, ce qui fit beaucoup de bien aux équipages. On mouilla le 3 septembre à Bourro, où on séjourna encore jusqu'au 15 ; on y fut bien traité par les hollandois ; de là on se rendit à l'île de Java, en passant par le détroit de Bontou, et on arriva devant Surbay ou Sourabaya, port de la partie orientale de l'île de Java, le 18 octobre 1793 ; c'est-là que commença la suite de malheurs et de discorde qui mit fin à cette expédition.

On envoya d'abord le lieutenant Trobriant pour annoncer qui on étoit, et pour demander des secours et la permission de relâcher. L'inquiétude commença à naître lorsqu'on vit qu'il étoit trois jours sans revenir ; on envoya, le 23, le grand canot commandé par un autre officier, nommé Mérite , pour s'informer des causes de ce retard : quel fut l'étonnement de l'équipage lorsqu'on apprit que Trobriant et sa suite étoient retenus prisonniers de guerre , et que la France étoit en guerre avec la Hollande, et avec la plupart des autres puissances de l'Europe.

Depuis leur départ de Brest nos voyageurs n'avoient eu aucune nouvelle de ce qui s'étoit passé dans leur patrie ; les hollandois leur représentèrent les évènemens sous les plus affreuses couleurs ; ils leur firent un tableau horrible de l'état de la France ; ils la leur peignirent comme déchirée par la guerre civile, et a moitié conquise par l'étranger ; en un mot ceux même que leurs sentimens patriotiques portoient le plus à se défier de ces rapports, ne purent discerner avec certitude jusqu'à quel point le mensonge s'y mèloit à la vérité , et tous se livrèrent à la douleur.

Cependant on leur annonce quelques jours après que leur expédition n'ayant que des recherches paisibles pour objet on les

recevra avec hospitalité, et qu'on leur four-
nira des vivres.

On entre en effet en rade le 28. Le commandant va à terre le lendemain, et on
permet alternativement à une partie de
l'équipage de descendre. Riche fit dès-lors
plusieurs excursions dans les environs de
Sourbay ; il décrit la beauté et la culture de
ce pays, avec le sentiment qu'elles devoient
produire dans un homme qui, depuis si long-
temps, n'avoit vu que des terreins agrestes.

Le 29 novembre les ordres changent, et
tous les officiers sont consignés à bord.
D'Auribeau seul reste à terre avec les ma-
lades ; on lui fait jurer qu'il restera neutre
en cas d'attaque de la part des français.

Le 21 nouveau changement de conduite
de la part des hollandois ; on permet à tout
le monde de revenir à terre, à condition
qu'ils prêteront serment de ne point navi-
guer dans les mers de l'Inde de toute la
guerre, et de ne point passer à l'île de France
en s'en retournant, mais de se rendre di-
rectement au Cap, où on se chargeoit de
leur faire donner toutes sortes de secours.

Cette versatilité de conduite ne peut s'ex-
pliquer que par le sentiment que les offi-

ciers de la compagnie avoient de leur foiblesse, et la crainte que l'escadre ne donnât
à l'île de France des notions sur l'état des
Molucques propres à en faciliter l'attaque.

Les équipages se soumirent à ces conditions et ils descendirent le lendemain. Les
officiers et les naturalistes se logèrent dans
la ville, et ils y vécurent librement pendant
près de deux mois ; mais l'insalubrité du
climat, augmentée encore dans cette saison
par la constance des pluies, devint funeste
à plusieurs personnes. Nous ne remarque-
rons que la mort de l'astronome Pierson,
arrivée le 2 janvier ; d'Auribeau lui fit dresser
un tombeau avec une épitaphe honorable.

Deux causes différentes altérèrent cette
tranquillité ; d'abord, d'Auribeau en arrivant
ne fit visite qu'au gouverneur ; l'adminis-
trateur civil en conçut de la jalousie, et
écrivit à Batavia contre les français ; aussi
arriva t il bientôt de ce chef lieu des ordres
qui défendirent toutes les excursions d'histoire naturelle. Le commandant français
n'avoit présenté au gouverneur qu'une partie
de son état major, comme susceptible d'être
invitée à sa table ; les autres, choqués de ne
recevoir de ce gouverneur aucune politesse,

lui marquèrent peu d'égards ; ils refusoient même de le saluer en public, ce qui fut regardé comme une grande offense, et attira à quelques - uns d'eux des désagréments cruels.

Mais la principale cause des troubles fut, à ce qu'il paroît, que pendant ce séjour, on eut le temps de s'instruire avec plus de détail des affaires de France, et qu'elles donnèrent lieu à des oppositions encore plus marquées que celles qui avoient précédé ; d'Auribeau sentit combien il étoit dangereux pour lui de retourner en France, après les sentiments qu'il avoit manifestés, et la haine qu'il s'étoit attirée de la part d'une si grande partie des équipages ; il forma donc le projet de rester à Java jusqu'à la fin de la guerre, et de sacrifier tous ceux que leur patriotisme ou la vigueur de leur caractère devoient lui faire craindre.

Son principal moyen fut de représenter ces hommes au gouvernement hollandois comme des rébelles qui se refusoient à toute subordination, et de lui demander des forces suffisantes pour les réduire.

Il paroît que ce fut pour faire naître au moins une apparence d'insurrection qu'il fit faire successivement par ce gouvernement des demandes toujours plus insultantes et plus tyranniques.

C'est ainsi que le 17 janvier il rassembla chez lui les officiers pour les consulter sur une demande que lui avoit faite, le 15, le gouvernement de Surabaya, de livrer toutes ses armes et ses munitions, et de jurer de nouveau de ne point aller à l'île de France, sans quoi on refusoit toute assistance; le conseil de guerre arrêta qu'on demanderoit à ce gouverneur si on étoit au moins libre de mettre à la voile, dans l'état où on se trouvoit, et sans rien demander; on obtînt pour toute réponse un ordre de donner sur le champ parole d'honneur de ne point partir sans une permission expresse, et l'annonce que sur le refus on retiendroit prisonniers tous les français qui étoient à terre et l'on confisqueroit les embarcations; il fallut bien alors acquiescer à la nécessité. Les officiers qui composoient le conseil se soumirent à toutes les conditions qu'on leur imposoit. D'Auribeau, dont cette tranquillité ne remplissoit point les vues, imagina alors de faire aussi vôter les équipages; mais il n'y eut pas plus de résistance de leur part

que de celle des supérieurs ; seulement l'équipage de l'Espérance ne voulut remettre ses
canons, qu'après les avoir mis hors d'état de
servir.

N'y ayant donc plus aucun prétexte de
sévérité , il fallut bien remettre les choses
dans l'état qui avoit précédé ces altercations ; mais on sent que des gens aigris par
de semblables chicanes, ne durent pas avoir
vis-à-vis du chef qu'ils soupçonnoient les leur
avoir attirées, ni vis-à-vis du gouvernement
qui les leur avoit faites, des procédés propres
à les ramener à eux ; aussi les mauvais trai-
temens de la part des uns et le mécontent-
tement de la part des autres , allèrent-ils en
empirant jusqu'au 19 février 1794 , que le
commandant se détermina à frapper les derniers coups contre ceux qui contrarioient ses
projets.

Après s'être concerté avec la régence de
Batavia, et en avoir obtenu un détachement
de soixante soldats, il fait mettre aux arrêts ,
chez eux , tous ceux dont il se défioit, et il
leur fait signifier l'ordre de prêter serment
de fidélité à la nation, à la loi et au roi, et
de méconnoître tout pouvoir contraire à la
constitution de 91 , et notamment la con-

vention nationale et tout ce qui en émane. Comme c'étoit à-peu-près le même serment qu'ils avoient déjà prêté en sortant de France, et qu'ils ne connoissoient ce qui s'y étoit passé depuis, que par les rapports tronqués des hollandois, ils le prêtèrent tous, en y ajoutant cette restriction , que si, comme il le paroissoit, le gouvernement constitutionnel étoit entièrement aboli, ils ne reconnoîtroient que celui qui auroit été adopté par la majorité du peuple français ; le seul souverain qui fut en droit de les délier de leur serment antérieur. Le citoyen Legrand seul refusa toute espèce de serment.

Mais quel fut la surprise et l'indignation de ces citoyens, lorsqu'ils apprirent que le commandant et les officiers de son parti avoient pris la cocarde blanche, que le pavillon blanc étoit arboré sur les vaisseaux, et que d'Auribeau avoit annoncé dans le discours dont il avoit accompagné cette cérémonie, qu'il alloit renvoyer en Europe tous ceux qui s'étoient rendus coupables envers lui d'insubordination.

Des mesures cruelles suivirent cette déclaration ; ceux des matelots qui avoient marqué quelque opposition furent trai..és dans diverses prisons, et les personnes de l'état major qui étoient aux arrêts reçurent le 21 l'ordre de prendre les effets qui leur appartenoient à bord, et le 23 on les fit partir avec précipitation pour Samarang, ville de l'île de Java, à 80 lieues plus à l'ouest que Sourabaya, et dont cette dernière dépend. C'étoient les citoyens Legrand, Villaumez et Laignet, officiers, Labillardière et Riche, naturalistes, Ventenat, aumônier, et Piron, dessinateur. On mit si peu d'égards dans l'exécution de ces ordres, qu'ils ne purent même obtenir leurs décomptes, et qu'ils perdirent une grande partie de leurs effets. Toutes les collections, les journaux, les cartes restèrent entre les mains du commandant; elles ont passé depuis en Angleterre, d'où on a renvoyé la partie qui concerne l'histoire naturelle.

Le voyage à Samarang se fit en partie par terre, en partie par eau, et dura jusqu'au 11 mars. Ils furent d'abord très mal reçus par le gouverneur Owerstraaten, qui les envoya à l'hôpital; mais sur leur déclaration que la force seule pourroit leur faire subir un traitement différent de celui qu'on accorde, chez toutes les nations civilisées,

aux

aux officiers prisonniers de guerre, on leur permit de se loger chez différents particuliers ; le gouverneur voulut aussi les engager à prendre la cocarde blanche, mais lui ayant présenté leur refus, motivé dans deux mémoires, du 17 et du 26 mars , on les laissa tranquilles sur ce point, et quoique le gouverneur n'osât les admettre à sa table, ils furent bien reçus par tout, et ils passèrent deux mois dans cette ville, jouissant de tous les agréments de la société.

Ayant appris que le lieutenant de Cretin étoit envoyé en France par d'Auribeau , ils craignirent qu'il ne fut chargé d'aller prévenir contre eux le gouvernement ; ils se hâtèrent donc d'envoyer deux d'entre eux, les citoyens Riche et Legrand à Batavia, pour solliciter d'être aussi renvoyés promptement en Europe. Ventenat, Laignel et Villaumez les y rejoignirent peu de temps après ; ils eurent encore beaucoup à souffrir en cet endroit : on les retint d'abord sur deux vaisseaux séparés; on les envoya ensuite, les deux premiers dans le fort d'Anké, les trois autres dans celui de Sangerang ; enfin après de longues négociations, dont il est inutile de rendre compte,

P

on leur annonça, le 13 juin, qu'ils alloient
être envoyés à l'île de France sur un bâtiment parlementaire qui y portoit des prisonniers ; et ils partirent en effet le 3 juillet
avec plus de quatre cents français pour cette
colonie où ils furent rendus au commen-
cement d'août.

Ils s'empressèrent de déposer entre les
mains des autorités constituées, le récit cir-
constancié des évènements qui avoient fait
manquer cette expédition , et d'y former
leur accusation contre les chefs coupables,
qui avoient mieux aimé passer aux ennemis
et leur livrer les vaisseaux et les papiers de
l'état , que de venir dans leur patrie où les
attendoit la peine de leur faute.

Il sembloit que tous leurs devoirs étoient
remplis, et qu'il ne leur restoit qu'à se livrer
au repos ; mais il n'y en avoit plus pour
Riche, tant qu'il verroit les résultats si précieux de ce voyage dans des mains ennemies.
Il s'offrit de retourner dans le climat mal-
sain d'où il venoit , et de s'exposer de nouveau à la rage de ses ennemis, pour recou-
vrer les papiers et les collections ; il présenta
à l'assemblée coloniale deux mémoires pour
l'engager à l'envoyer à Batavia sur un parle-

mentaire à l'effet d'y négocier cette restitution. Il y fut en effet envoyé, mais comme
je n'ai trouvé aucun renseignement sur son
voyage, je ne puis dire quel traitement il
y subit, ni pourquoi il ne réussit pas.

Étant revenu à l'île de France il y con-
tinua ses recherches autant que sa santé,
toujours plus foible, le lui permettoit; il
s'étoit retiré à la campagne pour y vaquer
plus librement et à ses études et à ses remèdes; il correspondoit de là avec quelques
amis, notamment avec son collègue Labillardière, qui après avoir été détenu pendant
six mois à Anké, près de Batavia, avoit
aussi été renvoyé à l'île de France, et y
étoit arrivé le 18 floréal an 3. Sa seule consolation dans ses souffrances, étoit les nouvelles heureuses qu'il recevoit de la mère-
patrie; Il se ranima, sur-tout lorsqu'il apprit
la conquête de la Hollande, et qu'il eut
l'espoir que l'on exigeroit la restitution de
richesses scientifiques, acquises par tant de
travaux, et envahies avec tant de perfidie.

Mais ce n'étoient plus que les dernières
étincelles d'un feu mourant. S'étant embar-
qué pour la France le 26 thermidor an 5,
il arriva à Bordeaux après une traversée

d'autant plus pénible pour lui, que l'on voit aisément par son journal, qu'il n'avoit plus la force de se livrer à ses occcupations chéries.

Il se rendit de-là au Mont-d'Or, pour y prendre les eaux; mais il y arriva dans un tel état de foiblesse, qu'on désespéra de pouvoir même prolonger sa vie de quelques jours, et en effet il y mourut le 19 fructidor an 5, agé de 35 ans, sans avoir eu la consolation d'embrasser ses parents, et sur-tout en appellant douloureusement son frère et sa belle sœur, pour lesquels il avoit toujours conservé l'attachement le plus tendre.

F I N.

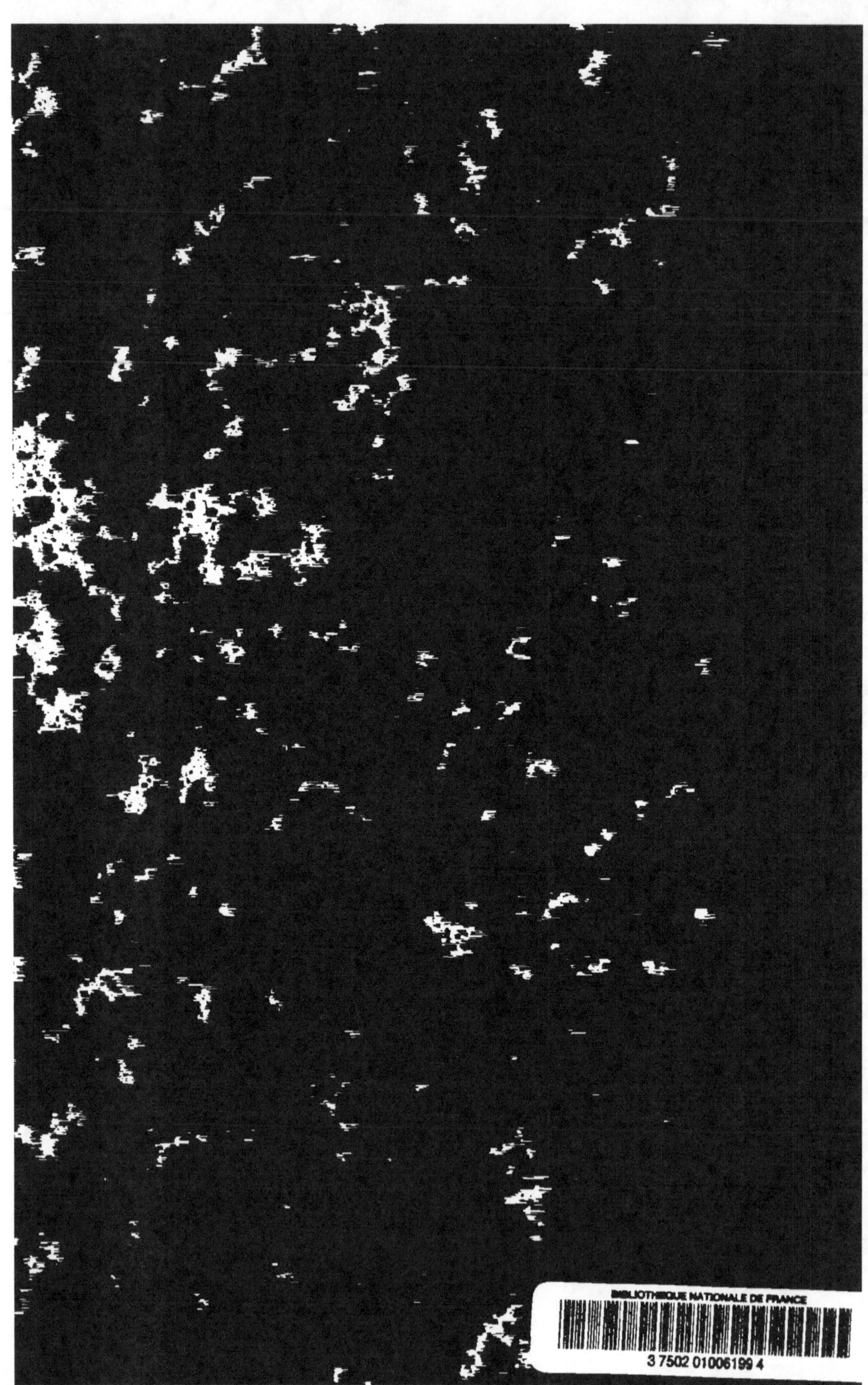